108 ensinamentos da Amma sobre a fé

108 ensinamentos da Amma sobre a fé

Publicado por:

Mata Amritanandamayi Center
P.O. Box 613
San Ramon, CA 94583
Estados Unidos

————————— 1 08 Quotes on Faith (Portuguese) ————————

Primeira edição por MA Centro de abril 2016

No Brasil: www.ammabrasil.org

Em Portugal: www.ammaportugal.org

Em Índia:

www.amritapuri.org
inform@amritapuri.org

1

O poder universal existe dentro de você, mas este conhecimento pode ainda não ter criado raízes. Essa verdade suprema pode ser alcançada apenas por meio da fé e da meditação.

2

A espiritualidade não tem nada a ver com a fé cega; é o princípio de conscientização que dissipa a escuridão.

Muitos mestres espirituais fizeram uma pesquisa ampla, até mesmo mais profunda do que alguns cientistas modernos. Enquanto a ciência mantém o mundo exterior refrigerado, a espiritualidade mantém o mundo interior refrigerado.

3

Com muita frequência esquecemos que a fé sólida e o amor inocente podem facilmente estar juntos em planos onde o intelecto e a lógica não conseguem se unir. Podemos ver como o poder da inocência tem sido a força propulsora por detrás das descobertas inovadoras de muitos cientistas famosos. Vocês já viram como uma criança encara tudo de forma intrigada e com surpresa? Da mesma maneira, um verdadeiro cientista também vê este universo com admiração. Isso ajuda o cientista a sondar os mais profundos mistérios do Universo.

4

A fé é a base de tudo. É a fé e a devoção das pessoas que enchem os templos com energia espiritual e não os rituais ou cerimônias. Se você tiver fé suficiente, qualquer água pode se tornar sagrada, como o Rio Ganges, mas sem fé, o Ganges será apenas um rio com água comum.

5

Frequentemente tentamos medir e avaliar a vida usando apenas o raciocínio intelectual e a lógica, mas não podemos alcançar as profundezas do conhecimento e da experiência com essa atitude. Devemos aprender a abordar as experiências de vida com amor e fé. Assim, a vida nos revelará todos os seus mistérios.

6

Tenha fé na teoria do carma (ação e reação) e você verá as mãos invisíveis de Deus por todo lado. O poder oculto de Deus é a causa de tudo o que é manifesto.

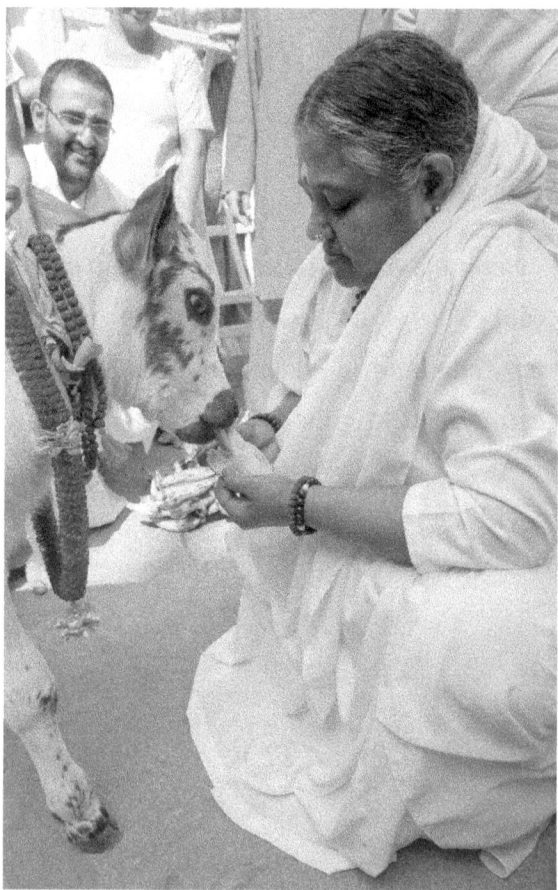

7

Quando os fatos estão disponíveis, não há necessidade de fé. É um fato que a Terra, as plantas, as árvores, os rios e as montanhas, todos eles existem. Não é necessário ter fé para saber que existem. A fé é necessária quando o pensamento racional falha.

Como Deus é invisível, para acreditar em uma existência divina, você precisa depender exclusivamente da fé.

8

Assim como você confia nas palavras dos cientistas que versam sobre fatos desconhecidos para nós, tenha fé nas palavras dos grandes mestres que falam sobre a verdade. Eles estão estabelecidos nela.

9

As escrituras e os grandes mestres nos lembram de que o Ser Superior ou Deus é a nossa verdadeira natureza. Deus não está distante de nós. É o que realmente somos, mas precisamos de fé para assimilar esta verdade.

10

Deus não está confinado a um templo ou a um determinado lugar. O divino é onipresente, onipotente e pode assumir qualquer forma. Tente contemplar sua deidade amada em tudo.

11

Deus não é um indivíduo limitado que está sentado nas nuvens em um trono dourado. Deus é a pura Consciência que reside em tudo. Ao compreender esta verdade, aprenda a aceitar e a amar a todos igualmente.

12

A base da espiritualidade não é a fé cega. É uma investigação sincera e uma exploração intensa dentro do seu próprio ser. A fé em um poder superior nos ajuda a controlar a mente e os pensamentos. Embora o progresso possa ser lento e gradual, continue a se esforçar com paciência, fé e entusiasmo.

13

Duvidar é uma aprendizagem, enquanto a fé é inerente ao nosso interior. A dúvida é seu inimigo número um. A fé é seu melhor amigo. Busque isso e aprenda a acreditar. Então, você descobrirá um resultado positivo.

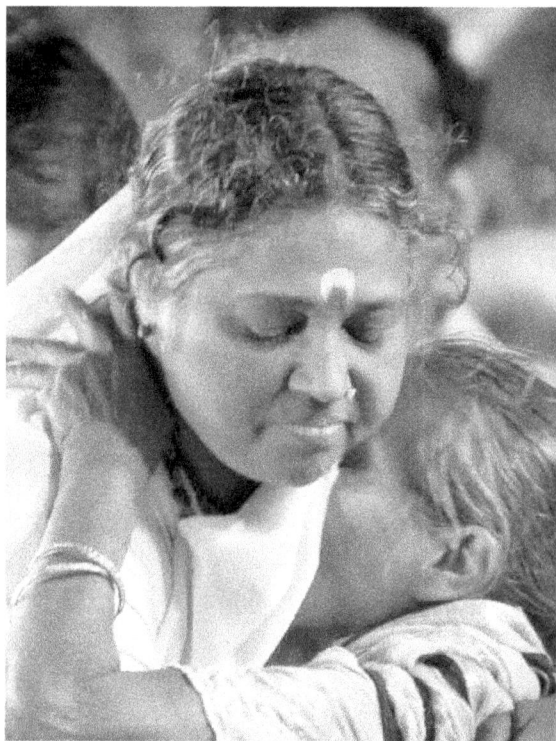

14

A beleza baseia-se na fé e a fé reside no coração. O intelecto ou o raciocínio são necessários, mas não devemos permitir que absorvam a fé dentro de nós. Não devemos permitir que o intelecto destrua nosso coração.

15

O que precisamos é de fé em um poder supremo que controle todo o Universo, que está além da mente e dos sentidos e que produza até mesmo a função do intelecto. Devemos pesquisar profundamente a fonte desse poder que existe dentro de nós. A fé neste poder cósmico, juntamente com a meditação para conhecer o poder supremo nos ajudará a alcançar o conhecimento do ser superior, da unidade, da paz e da tranquilidade.

16

Se desejar o fim de seus sofrimentos, reze para que seus desejos sejam eliminados. Reze também para que sua fé e seu amor por Deus aumentem. Se puder fazer isso, Deus então sempre atenderá a todas as suas necessidades.

17

Deus está sempre com você e definitivamente aparecerá quando você O chamar com um desejo profundo. Aqueles que têm a atitude sincera de "Não há mais ninguém que possa me salvar, apenas Você é meu refúgio", terão todas as suas necessidades atendidas diretamente pelo Divino.

18

Algumas pessoas dizem que "Deus é apenas uma crença", mas na verdade, a Divindade está dentro do coração de cada um de nós. Deus não tem mãos, pernas, olhos ou corpo separados além dos nossos próprios. O Poder Cósmico dentro de cada um de nós é Deus.

19

Realmente não é importante se você é alguém que acredita, se é agnóstico ou cético. Você pode ser agnóstico e ainda assim levar uma vida feliz e de sucesso enquanto tiver fé em seu próprio ser superior e servir a sociedade.

20

A fé real é a fé no próprio ser superior. Mesmo se acreditarmos em um Deus externo, na verdade, aquele Deus está dentro de nós; Ele é nosso verdadeiro ser superior.

21

Tenha fé em seu próprio ser. Tente compreender quem você é, seu verdadeiro Ser Superior. Isso é suficiente. Se você não tiver fé em si mesmo será difícil avançar, mesmo se acreditar em Deus.

22

A fé e a autoconfiança são interdependentes. A fé em Deus destina-se a fortalecer sua fé em seu ser superior, a confiança em seu verdadeiro e próprio ser; essa é a autoconfiança verdadeira. Se isso não existir, você não poderá ter êxito na vida.

23

Lembre-se sempre de que quando o anoitecer chega, ele já está carregando em seu útero o amanhecer. A escuridão não permanece por muito tempo. No momento certo, o amanhecer certamente despontará e brilhará. O otimismo é a luz de Deus. É uma forma de graça que lhe permite olhar para a vida com mais clareza.

24

O Sol não precisa da luz de uma vela; Deus não quer nada de nós. Nosso propósito é usar a luz de Deus para remover a escuridão do mundo; esse é o princípio do Divino.

25

A autoconfiança nos dá equilíbrio mental, coragem e controle sobre nossa mente. Ela nos possibilita enfrentar os problemas em nossas vidas com coragem. Alguns problemas são inevitáveis e incontornáveis. Ter fé em si mesmo o ajuda a enfrentar e a superar.

26

As mulheres não devem jamais acreditar que são inferiores aos homens. São as mulheres que dão à luz a cada um dos homens deste mundo. Tenha orgulho desta bênção única e prossiga com fé em seu poder inerente.

27

Nós não somos velas que precisam ser acesas por alguém. Nós somos o Sol com sua própria resplandecência. Somos a personificação daquela Consciência Suprema e temos que despertar para esta verdade. Nós somos Amor.

28

Quando as pessoas perdem a fé em Deus não há harmonia ou paz na sociedade. As pessoas agem e vivem como gostam. Sem fé, a moralidade e a ética desaparecerão da face da Terra e as pessoas serão tentadas a viver como animais. A ausência de fé, de amor, de paciência e de perdão transformará a vida em um inferno.

29

Nós temos a capacidade de nos tornarmos aquilo que cada um de nós escolher ser. Podemos escolher ser uma alma virtuosa que apenas deseja o bem dos outros em pensamentos e ações. Por outro lado, podemos também escolher ser o epítome do mal. A liberdade de escolha é a maior bênção desse nascimento humano, mas para experimentar esta benção em seu pleno potencial, devemos ter a inocência e a fé de uma criança.

30

Seja qual for a religião que seguirmos, desde que entendamos os princípios espirituais poderemos chegar à meta suprema: a realização da nossa verdadeira natureza.

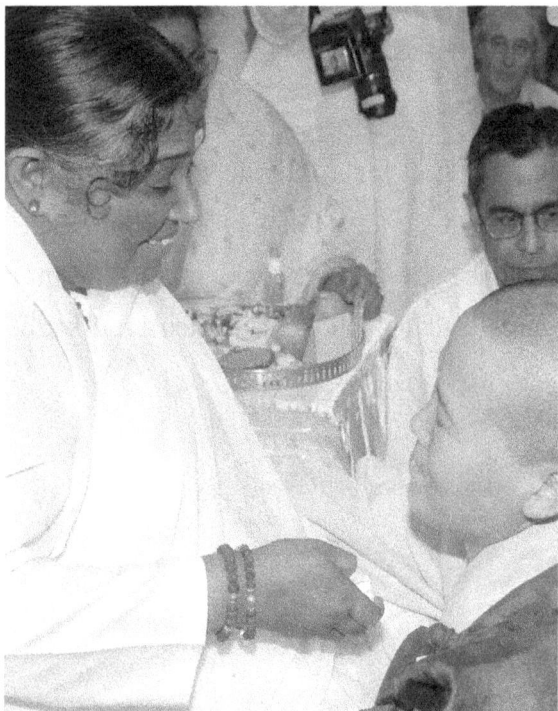

31

É muito importante respeitar os sentimentos e a fé das pessoas de todas as religiões. A fé no imenso poder do ser interior trará a verdadeira unidade entre os homens e entre a humanidade e a Natureza.

32

O significado real da religião é ter fé na existência de um Poder Supremo e viver segundo os valores espirituais.

33

Não há qualquer diferença entre o Criador e a criação, assim como não há qualquer diferença entre o oceano e suas ondas. É a mesma Consciência que tudo permeia. A fé, assim como o amor por toda a criação, deve ser infundida em nossas crianças. Isso é possível por meio de uma educação espiritual adequada.

34

Não há mal na existência de muitas religiões e de diferenças de fé, mas é danoso pensar que são diferentes e que uma fé é superior e a outra inferior. Filhos, não vejam as diferenças, mas a unidade nelas e nos grandes ideais que as religiões nos ensinam.

35

Amor e compaixão são os princípios básicos de todas as religiões genuínas. Essas qualidades divinas são a essência de toda a fé.

36

O amor e a fé são as bases da vida. Apenas quando servimos aos outros com a correta compreensão sobre o amor e a fé em nós mesmos podemos ser felizes e ficar em paz.

37

Vigas de aço são usadas nas construções para reforçar o concreto. Sem elas, os prédios cairiam. A fé em Deus pode ser comparada a essas vigas. A fé fortalece nossa mente fraca. Se tivermos fé não choraremos por coisas ilusórias, nem ficaremos loucos por elas.

38

O intelecto é como um par de tesouras. Corta e rejeita tudo e não aceita nada. O coração, por outro lado, é como uma agulha: une tudo e torna as coisas distintas em uma só. Se mergulharmos com profundidade suficiente em nós mesmos, encontraremos o fio único do amor universal que une todos os seres. Neste Universo é o amor que tudo une.

39

Se você tiver fé, automaticamente descerá até o coração. Descer ao coração é, na verdade, elevar-se e voar alto.

40

A fé e o amor não são duas coisas separadas. São interdependentes. Sem fé não podemos amar alguém e vice-versa. Se tivermos fé e amor total por alguém, o simples pensamento sobre aquela pessoa nos dará uma alegria especial. Teremos alegria se não tivermos fé na pessoa e a considerarmos como um ladrão? O amante abre seu coração ao amado porque tem fé nele. Essa fé é a base do amor. O amor brota da fé.

41

Toda a vida baseia-se na fé. Para dar cada passo e avançar precisamos de fé. A fé cria um fluxo que inunda todo o Universo.

42

O amor é o remédio universal. Quando há amor mútuo, atenção e compreensão na vida e quando temos fé um no outro, nossos problemas e preocupações diminuem.

43

Concentre-se no amor, na confiança mútua e na fé. Quando você tem fé e amor, a prontidão em todas as suas atenções acontece automaticamente.

44

A verdadeira escuta é possível quando se está vazio por dentro. Se você tiver a atitude de "eu sou iniciante, sou ignorante", poderá então escutar com fé e amor.

45

Precisamos ter fé de que Deus está sempre conosco. Essa consciência nos dá a energia e o entusiasmo que precisamos para ultrapassar qualquer obstáculo na vida. Essa atitude otimista nunca deve nos abandonar.

46

Filhos, alguns dizem que são crentes que levam uma vida feliz. No entanto, aqueles que acreditam de verdade, aqueles dotados de fé verdadeira são felizes e contentes em todas as situações. O sinal de um verdadeiro devoto é que ele tem sempre um sorriso de aceitação estampado no rosto.

47

Sem fé ficamos cheios de medo. O medo enfraquece o corpo e a mente, nos paralisa, enquanto a fé abre o nosso coração e nos leva ao amor.

48

Quando você compreende a natureza transitória do mundo e percebe a inutilidade do ego, aí então a fé na espiritualidade começa a se desenvolver. A luz da graça do Guru nos ajuda a ver e a remover os obstáculos em nosso caminho.

49

Filhos, lembrar que podemos morrer a qualquer momento nos ajudará a ter uma fé verdadeira e a nos fazer caminhar para Deus. Não é pela existência da escuridão que conhecemos a grandeza da luz?

50

Por que colocar sua fé na mente? A mente é como um macaco que pula de galho em galho, de um pensamento a outro. Ela continuará assim até seu último momento. Ao invés disso, coloque sua fé em um Mestre e você seguramente encontrará a paz.

51

Não faz diferença para Deus ou para um grande santo se as pessoas acreditam ou não neles. Eles não precisam da nossa fé ou da nossa ajuda. Nós somos aqueles que precisamos da graça deles. É somente por meio da fé que a graça pode fluir até nós.

52

O único propósito do Mestre é inspirar os discípulos, infundir a fé e o amor necessários para que eles atinjam a meta. Criar o fogo do amor por Deus é a primeira e mais importante tarefa do Mestre.

53

A Mãe não diz que vocês precisam acreditar nela ou em Deus. Basta acreditar em si mesmo. Tudo está dentro de vocês.

54

Após aceitar um Mahatma (grande alma) como seu Guru, esforce-se para ter uma fé inocente e a entrega de uma criança. Você pode obter tudo o que necessita de um satguru (mestre verdadeiro). Não há necessidade de continuar procurando.

55

A fé não é um processo intelectual. O Mestre não pode ser compreendido através da mente ou do intelecto. A fé em si é o caminho.

56

A obediência ao Guru é muito importante. O Guru é o Parabrahman (Ser Absoluto) que tudo permeia na forma humana, seu verdadeiro ser e a essência básica de toda a criação. Ter fé no Guru é igual a ter fé em seu próprio ser.

57

Filhos, toda a espiritualidade pode ser colocada em uma única palavra, e essa palavra é shraddha. Shraddha é a fé incondicional que o discípulo tem nas palavras do Mestre e nas escrituras

58

Se alguém tiver fé e obediência ao Guru combinadas ao conhecimento dos princípios espirituais, as vasanas (tendências inatas) serão destruídas rapidamente.

59

Há inúmeros exemplos de pessoas que recitaram um mantra com plena fé e observaram as austeridades segundo as instruções da Amma. Com isso, experimentaram alívio da dor em suas vidas e evitaram calamidades previstas em seus horóscopos.

60

Mesmo que um paciente tenha o melhor médico, se não tiver fé no médico, o tratamento não será eficaz. Assim, precisamos ter fé em nosso Mestre espiritual. É através dessa fé que poderemos ser curados.

61

Não basta simplesmente ter fé no médico. Devemos também tomar o remédio para nos curarmos. Da mesma forma, vocês não terão progresso espiritual se simplesmente sentarem e disserem: "A fé me salvará", sem fazer coisa alguma. A fé e o esforço são necessários para se avançar.

62

O Guru estará com você para lhe mostrar o caminho em qualquer luta ou crise, mas não sente e fique à toa porque o Guru o está guiando. Esforço e perseverança são necessários de sua parte.

63

Tanto a fé quanto o esforço são necessários. Se você plantar uma semente, ela poderá brotar, mas para que ela cresça bem, precisa de água e de fertilizante. A fé nos torna consciente de nossa verdadeira natureza, mas para experienciá-la diretamente, precisamos também fazer um esforço.

64

Precisamos compreender as limitações de nossas ações e o lugar da Graça Divina em nossa vida. Mantenham a fé nesse poder, meus filhos, orem para receber Graça.

65

Quando tiver fé total, você perceberá cada um dos objetos como sendo permeado pela suprema consciência. A fé total é a liberação. Quando chegar a este estado, todas as dúvidas desaparecerão. O Guru o guiará para alcançar este estado final.

66

Nada pode fazer mal àquele que crê verdadeiramente. A fé pode nos dar uma imensa força. Todos os obstáculos da vida, sejam criados por seres humanos ou pela natureza, desmoronam quando atingidos pela nossa fé firme e estável.

67

Para um buscador sincero, a espiritualidade não é um aspecto menor da vida, é parte de você como sua própria respiração. Sua fé torna-se inabalável.

68

A fé permitirá que o fluxo constante de graça do Satguru chegue até você. A Mãe é mais do que este corpo. Ela é onipresente e a tudo permeia. Tenha fé que o ser da Mãe e o seu próprio ser são um só.

69

Após ter desenvolvido a fé em um Mestre espiritual, não permita que sua fé se abale. Sua fé deve ser firme e persistente. A única maneira pela qual suas impurezas mentais serão removidas será por meio da fé total no Mestre.

70

Nada pode destruir a fé dos buscadores sinceros. Eles têm fé inquebrantável em seu Mestre e na possibilidade de experienciar Deus e de atingir o estado supremo.

71

Se você tiver uma fé determinada para encarar todas as situações, as negativas e as positivas, como uma mensagem do Divino, então, um Guru externo não será necessário, mas a maioria das pessoas não tem tanta força ou determinação.

72

Tenha a crença sólida de que ninguém pode debilitar sua fé. Se alguém tentar destruir sua fé, encare como um teste de Deus e prossiga com convicção.

73

Tentar reanimar a fé perdida é como tentar fazer crescer cabelo numa cabeça careca. Após perder a fé, será extremamente difícil reconquistá-la. Antes de aceitar seu Guru, observe cuidadosamente a pessoa.

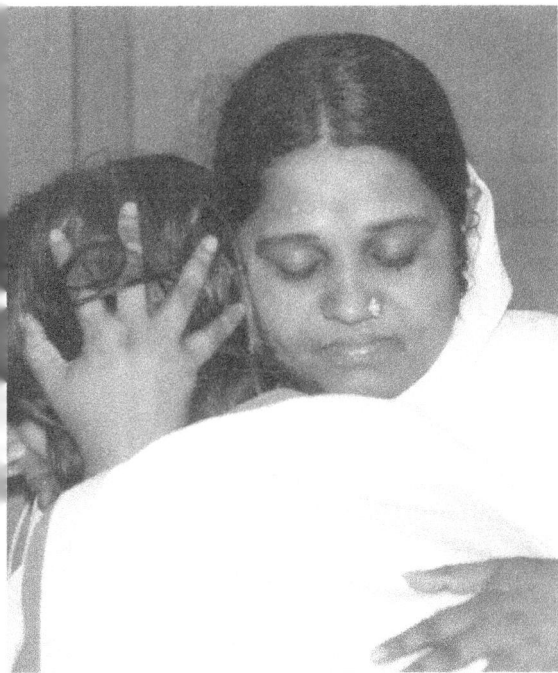

74

Se você rezar para a Mãe com inocência e fé, Ela definitivamente o ajudará. Ela está aqui sempre para você. Se você cair, Ela o ajudará a se reerguer.

Esforce-se para ser como uma criança dotada de enorme fé e paciência. A fim de alcançar a meta, nossa fé deve ser inspirada como a inocência de uma criança.

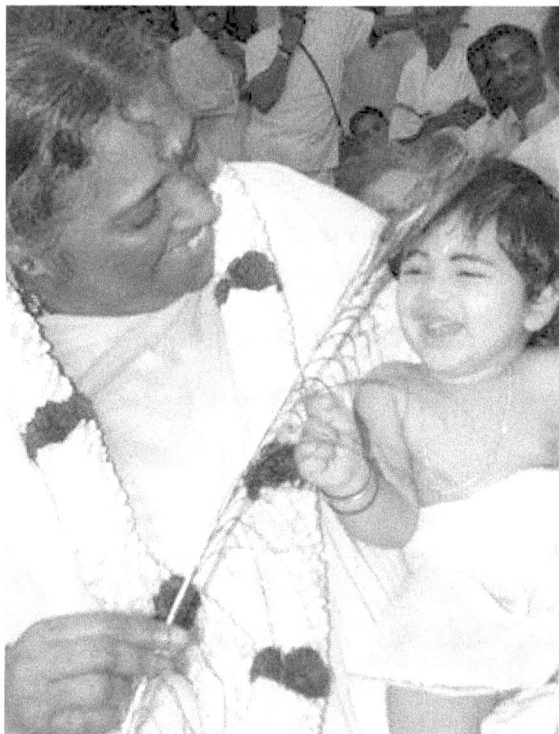

76

À medida que envelhecemos, perdemos nosso entusiasmo e alegria. Tornamo-nos secos e infelizes. Por quê? Porque perdemos a fé e a inocência. Em algum lugar dentro de cada um de nós, permanece adormecida a alegria, a inocência e a fé da criança. Redescubra-as.

77

Brinque como uma criança. Desperte novamente a inocência dentro de você. Passe algum tempo com crianças. Elas lhe ensinarão a acreditar, a rir e a brincar. As crianças o ajudarão a sorrir com o coração e a ter um olhar maravilhado. O amor divino o torna inocente como uma criança.

78

Tudo é possível com a fé e a confiança de uma criança. Sua inocência e o coração puro o salvarão.

Você pode ter que caminhar a pequenos passos em termos de desenvolvimento espiritual devido aos seus sanskaras (tendências de vidas anteriores). É um processo lento que requer fé e confiança.

80

A energia espiritual que você adquirir por meio de sua sadhana (prática espiritual) permanece dentro de você.

Mantenha sua fé e entusiasmo. Seus esforços ou o fruto de suas ações não poderão ser destruídos. Não abandone a esperança.

81

A paciência, o entusiasmo e o otimismo - essas três qualidades devem ser os mantras de nossas vidas. Em todos os campos, observamos que aqueles que têm fé, têm sucesso. Aqueles a quem falta fé perdem a força.

82

Uma pessoa dotada de fé no supremo atém-se a esse princípio quando ocorre uma crise. É esta fé que nos dá uma mente forte e equilibrada, que nos possibilita enfrentar qualquer situação de teste.

83

Quando tiver fé verdadeira em Deus e praticar meditação, repetição de mantra e oração, você ganhará força suficiente para enfrentar qualquer situação sem hesitação. Você será capaz de agir com consciência se as circunstâncias forem difíceis.

84

A fé em Deus lhe dá a força mental que precisa para enfrentar todos os problemas. A fé na existência de Deus o protege; ela faz com que se sinta seguro e protegido contra todas as influências negativas do mundo.

85

Se tentar escapar de sua sombra, você simplesmente cairá com a exaustão. Ao contrário, enfrente as dificuldades da vida por meio do amor e da fé. Lembre-se de que você nunca está sozinho nessa jornada. O Divino está sempre com você, permita que Ele lhe dê a mão.

86

O verdadeiro sadhak (buscador espiritual) acredita mais no presente do que no futuro. Quando colocamos nossa fé no momento presente, toda a nossa energia é manifestada aqui e agora. Entregue-se ao momento presente.

87

O passado é uma ferida. Se você arranhar o machucado aprofundando-se nas suas memórias, a ferida infectará. Não faça isso, ou ela aumentará. Ao contrário, deixe que ela se cure. A cura é possível apenas através da fé e do amor a Deus.

88

Devemos desenvolver a fé em nós mesmos ao invés de contar com os outros para nos confortar. Somente assim encontraremos o verdadeiro conforto e satisfação.

89

As pessoas e objetos aos quais você tem apego o deixarão um dia. A cada vez que algo ou alguém desaparecer da sua vida, você poderá ser dominado pela agonia e pelo medo. Isso continuará até que você se entregue a Deus e desenvolva fé na natureza eterna de seu verdadeiro ser.

90

Você pode se mover e agir apenas pela graça e pelo poder do todo poderoso. Tenha a convicção de que Deus é seu único e verdadeiro parente e amigo.

Se você se entregar, o Divino sempre o guiará. Com fé nessa divindade, você nunca fracassará.

91

Todos os seus problemas surgem porque você não se sustenta em seu Ser Superior. A consciência é a fonte eterna de poder. Esse nosso pequeno mundo deve se desenvolver até que se torne o todo no universo. À medida que esse mundo cresce, podemos ver nossos problemas lentamente se dissolvendo.

92

Seu relacionamento mais forte deve ser com o Divino. Conte a Ele todos os seus sofrimentos e isso o levará para mais próximo dele. Ele não pode sentar-se em silêncio e imóvel quando alguém O chama com um coração inocente. A fé e a entrega removem todos os sofrimentos.

Cada um de nós carrega um fardo de sofrimento e de dor de experiências anteriores. A cura é desenvolver o amor, a compaixão e a reverência. Isso curará todas as feridas.

94

A compaixão é uma extensão da fé e da consciência de que a divindade a tudo permeia.

Aqueles que não têm compaixão e não estão preocupados com o bem-estar dos outros também carecem de fé.

95

A receptividade é o poder para acreditar, para ter fé e aceitar o amor. É o poder para evitar que a dúvida se instale em sua mente.

96

Como qualquer outra decisão, a felicidade também é uma decisão. Tome uma resolução sólida, "não importa o que acontecer, serei feliz. Sabendo que Deus está comigo, serei corajoso". Sem perder a autoconfiança, siga adiante.

Meu filho, nunca perca a coragem. Nunca perca a confiança em Deus ou na vida. Seja sempre otimista, independentemente da situação em que se encontrar. Nada pode ser conseguido sem fé e coragem.

98

Como o néctar da flor matinal fresca, deixe que a bondade o preencha. Quando você se abrir, descobrirá que o Sol sempre esteve brilhando e que o vento sopra sempre, carregando a doce fragrância da Divindade. Não há condição e força alguma sendo empregadas. Simplesmente permita que a porta de seu coração se abra, pois ela nunca foi fechada.

99

O treinamento e a disciplina aplicados na juventude criarão uma forte impressão na mente e terão um grande papel na construção do caráter. Os pais devem cuidar para não apenas alimentar e atender aos desejos de seus filhos, mas também para discipliná-los, infundindo neles fé e uma boa cultura.

100

Se você tiver fé verdadeira em Deus, não poderá então causar danos à Natureza. Isso ocorre porque a fé verdadeira nos mostra que a Natureza é Divina e não está separada de nosso próprio ser.

101

Siga adiante com fé. Uma pessoa que tem fé incondicional nunca se desviará do caminho.

102

Uma pessoa que é dotada de fé verdadeira é firme. Uma pessoa que tem uma verdadeira religião pode encontrar a paz. A fonte desta paz está no coração e não na cabeça. Uma crença obtida por meio de narração, de escuta e de leitura não durará muito tempo, enquanto a fé obtida com a experiência durará para sempre.

103

Onde há amor, não há esforço. Abandone todos os seus arrependimentos do passado e relaxe. O relaxamento lhe ajudará a obter mais força e vitalidade. O relaxamento é uma técnica por meio da qual você pode obter um vislumbre de sua verdadeira natureza, a fonte infinita de sua existência. É a arte de fazer com que a mente se aquiete.

Quando se aprende esta arte, tudo ocorre de forma espontânea e sem esforço.

104

Todas as ações dão frutos. O futuro é o fruto, mas não se preocupe com o futuro. Espere pacientemente, permanecendo no presente, agindo com concentração e amor. Quando você vive em cada momento da ação, bons resultados devem surgir. Se as ações forem realizadas com sinceridade e de todo coração, deverão dar bons frutos. Se, ao contrário, você se preocupar com o fruto, não apenas não conseguirá aplicar o esforço necessário, mas não obterá o resultado esperado.

Quando você encarar a vida e tudo o que a vida traz como um presente precioso, poderá dizer "Sim" para tudo. "Sim", é aceitação. Onde há aceitação, o rio da vida sempre lhe conduzirá. O amor simplesmente flui. Quem desejar se arriscar e mergulhar nele será aceito como é.

106

Tenham fé, meus filhos, não há necessidade de ter medo. Saibam que a Mãe está sempre com vocês.

107

Afirme determinação e a fé inquebrantável são os dois fatores necessários para
o sucesso em tudo. Tenha fé total no todo
poderoso. A fé pode criar milagres.

108

Acenda a lâmpada do amor e da fé dentro de você e avance. Ao dar cada passo com bons pensamentos e uma face sorridente, toda a bondade virá até você e encherá seu ser. Então, Deus não poderá ficar longe de você. A Divindade o abraçará.